LECTURES CLE EN FRANÇAIS FACILE

COUP DE CŒUR

GÉRARD DELTEIL

Série policière dirigée
par Dominique Renaud

GÉRARD DELTEIL, né en 1939, est un auteur confirmé dans le roman policier. Il a publié une cinquantaine de titres. Il a obtenu trois grands prix : le prix du Polar de la ville de Reims pour *Votre argent m'intéresse*, le Grand Prix de littérature policière pour *N'oubliez pas l'artiste* ; enfin le Prix du Quai des Orfèvres 1993 pour *Pièces détachées*.

Gérard Delteil écrit également pour la jeunesse. Il est actuellement directeur d'une nouvelle collection policière : « Métro-police ».

*H*ÉLÈNE LAMBERT a ses petites habitudes. Chaque matin, quand elle arrive au bureau, elle met sa cafetière en marche, puis dispose sur sa table une serviette, une tasse et les deux croissants achetés à la boulangerie du coin. Depuis dix ans qu'elle travaille à la compagnie immobilière* Soficad, elle prépare son petit déjeuner. Elle s'apprête[1] donc à profiter de ce moment de repos, le seul de la journée, quand elle découvre une note écrite de la main de son patron*:

Apporter d'urgence le dossier Frémont

Cette note n'est pas signée. Ce n'est pas nécessaire : au premier coup d'œil, Hélène Lambert reconnaît l'écriture de Pierre Maillard, le PDG* de la Soficad. Cette découverte l'inquiète un peu. Son patron arrive de temps en temps avant elle au bureau, mais il est rare qu'il lui demande un travail urgent, et à la première heure. De plus, le dossier Frémont, qui concerne la construction d'un immeuble résidentiel[2] dans

1. S'apprêter à : se préparer.
2. Résidentiel : propre à la résidence, à l'habitation.

un ensemble de la banlieue est, ne peut pas être remis au directeur avant qu'elle ait vérifié qu'aucun document ne manque.

Après quelques secondes d'hésitation, elle se décide à faire ce qui lui est demandé. Elle ne souhaite pas que Maillard la surprenne en train de boire son café alors qu'il attend ce dossier !

Hélène Lambert est une grande femme mince, toujours très bien habillée, qui approche la cinquantaine[1]. Malgré les responsabilités qu'elle occupe dans l'entreprise, où elle est devenue le bras droit* du directeur et de son associé* Alain Brochand, elle réagit encore comme les enfants qui ont peur des grandes personnes.

Dix minutes plus tard, son dossier sous le bras, elle frappe à la porte du bureau du directeur. Mais personne ne répond. Elle décide de déposer le dossier et d'aller prendre son petit déjeuner avant que ses collègues* n'arrivent. Comme elle constate que la porte est fermée à clé, elle se dit qu'elle ne pourra pas déjeuner tranquillement. Où donc est passé le patron ?

Elle jette un œil[2] dans les différents bureaux, qui sont vides, puis revient dans le sien, décroche le téléphone et compose le numéro du directeur. Ça sonne occupé. Bon, il est là, se dit-elle ; sans doute a-t-il une conversation importante avec

---

1. Qui approche la cinquantaine : qui aura bientôt cinquante ans.
2. Jeter un œil : regarder très rapidement.

quelqu'un, et il ne veut pas être dérangé. Hélène Lambert prend donc ses croissants et son café, un peu plus vite et avec moins de plaisir que d'habitude, puis rappelle le bureau du directeur. Toujours occupé...

– Dites donc, madame Lambert, vous n'auriez pas vu le patron ? On le demande et je n'arrive pas à le joindre.

Sophie Deschamps, la standardiste*, qui est aussi hôtesse* et dactylo*, se tient devant Hélène Lambert, qui n'a pas encore rangé sa tasse et sa cafetière. Être surprise ainsi met la secrétaire de mauvaise humeur. Les deux femmes retournent devant la porte de Pierre Maillard. Elles frappent plusieurs fois, sans résultat. Elles remarquent alors un rayon de lumière sous la porte.

– Faisons venir un serrurier[1], dit la standardiste. Peut-être a-t-il eu un malaise[2] ?

Pierre Maillard souffre d'une maladie du cœur. Tous les employés, ici, le savent. Néanmoins, il n'a jamais eu le moindre malaise.

– Attendons M. Brochand, répond Hélène Lambert avec prudence.

Alain Brochand, le directeur de projet*, arrive vers dix heures, en compagnie d'un commercial* avec qui il a rendez-vous. Les deux hommes se retrouvent dans l'ascenseur.

---

1. Serrurier : personne qui répare ou installe des serrures.
2. Avoir un malaise : se sentir mal.

– Je pense que Pierre est déjà là.

Arrivé à l'étage, il se dirige vers le bureau de son associé. Un physique athlétique, toujours bronzé, Brochand paraît en pleine forme. Il se déplace toujours d'un pas rapide. Le commercial a même du mal à le suivre. Hélène Lambert rejoint les deux hommes devant la porte du bureau du PDG.

– Monsieur Maillard est occupé. Il ne répond pas.

– Eh bien à moi, il va répondre ! dit Brochand qui se met à frapper à la porte avec force.

Sans succès, pour lui non plus.

– Bon sang[1] ! Qu'est-ce qu'il fait ? J'ai besoin de le voir !

Les deux associés se connaissent depuis longtemps. Maillard occupe officiellement le poste de président directeur général, mais tous deux possèdent le même nombre de parts* de la Soficad, ce qui les place à égalité dans l'entreprise.

Au petit groupe qui s'est formé vient se joindre l'architecte, Gilbert Lalonde, un homme assez grand, chauve, très élégant, qui porte une veste grise sur une chemise bleu clair et une cravate jaune.

– Le patron n'est pas là ?

---

1. Bon sang ! : expression employée dans un sens négatif (si l'on est mécontent), ou bien dans un sens positif (si l'on a trouvé, compris quelque chose).

Brochand hausse les épaules et se tourne vers Hélène Lambert :

– Soyez gentille, ma petite Hélène, passez donc un coup de fil chez lui et tenez-moi au courant.

Puis il repart en compagnie du commercial, en direction de son bureau.

Hélène Lambert compose le numéro personnel du PDG, comme le lui a demandé Brochand. On décroche immédiatement. Elle reconnaît la voix de l'épouse de son patron.

– Pardonnez-moi de vous déranger, madame Maillard, mais M. Brochand cherche à contacter M. Maillard.

– Il n'est pas à son bureau ?

– Non... Enfin, son bureau est fermé à clé et il ne répond pas.

– Et vous n'avez rien fait ?

– À vrai dire...

– À vrai dire quoi ? Il a peut-être eu un malaise !

– C'est que... je n'ose pas le déranger.

– Faites quelque chose ! Je ne sais pas, moi... Tenez : appelez un serrurier ! Et rappelez-moi aussitôt ; je suis très inquiète.

Par prudence, Hélène Lambert demande à Brochand l'autorisation de faire appel à un serrurier.

– Allez-y ! décide aussitôt le directeur de projet. Je suis un peu inquiet moi aussi. Tout ceci est très étrange ; Pierre n'a pas l'habitude de s'enfermer sans répondre ou de partir en laissant la lumière allumée...

Le serrurier arrive dix minutes plus tard. Il observe le système de sécurité, sort son matériel, puis prend la perceuse[1] qu'il branche sur une prise électrique du couloir.

– Je ne peux pas faire autrement. Avec une serrure de ce genre, ça ne va pas être facile.

La porte ne résiste pourtant pas très longtemps.

Alain Brochand pénètre le premier dans la pièce, suivi par Hélène Lambert et ses collègues.

Ils aperçoivent Pierre Maillard effondré[2] sur son bureau. Son bras gauche pend le long du meuble. La première chose que remarque Hélène Lambert est une petite boîte de pilules, restée ouverte à côté du clavier[3] de l'ordinateur.

– Il a eu une crise ! s'écrie-t-elle.

Elle se met à pleurer. Brochand la prend par l'épaule.

– Calmez-vous, Hélène ; vous n'y êtes pour rien. Pierre était très malade. Vous le savez bien.

– Attendez ! dit l'architecte. Il n'est peut-être pas...

Il se penche sur le malheureux directeur, examine son pouls[4], puis se retourne vers ses col-

---

1. Perceuse : machine-outil utilisée pour percer des trous.
2. Effondré : tombé, écroulé.
3. Clavier : ensemble des touches d'un ordinateur.
4. Pouls : sur la face interne du poignet ; permet de suivre les battements du cœur.

lègues et secoue négativement la tête.

– Sortons tous et laissons la pièce en l'état sans toucher à rien, dit Brochand. Je vais appeler un médecin.

– Et moi, qu'est-ce que je fais ? demande le serrurier.

– Laissez-nous vos nom et adresse. On ne sait jamais. Nous pourrions avoir besoin de votre témoignage. Vous avez constaté que la pièce était fermée de l'intérieur, n'est-ce pas ?

– Bien sûr. La clé était sur la serrure. Elle est tombée...

– Notez les coordonnées[1] de ce monsieur, Hélène.

Hélène Lambert est soulagée de voir que Brochand prend les choses en main[2]. Elle va chercher un bloc et note les informations que lui donne le serrurier. Avant de partir, ce dernier précise que la société qui l'emploie enverra sa facture*. Hélène Lambert hésite à lui donner un pourboire[3]. Finalement, elle se décide à lui laisser cinquante francs.

---

1. Coordonnées : renseignements comportant l'adresse et le numéro de téléphone de quelqu'un.
2. Prendre les choses en main : s'occuper de.
3. Pourboire : somme d'argent donnée comme récompense.

CHAPITRE 2

*L*E DOCTEUR MET SES LUNETTES sur son nez et examine la boîte de pilules.

– Qui lui a prescrit[1] cela ?

– Son médecin personnel, je suppose.

– Vous le connaissez ?

– Non, mais sa femme certainement.

– Elle est prévenue ?

– Nous l'attendons.

Le médecin retire ses lunettes, les replie et les range dans un étui. C'est un homme d'un certain âge. Son cabinet[2] se trouve dans l'immeuble.

– Bien... En ce qui me concerne, je ne peux que constater le décès, n'est-ce pas ? Tout laisse penser qu'il est mort d'un arrêt du cœur, mais je ne suis pas cardiologue. Il va y avoir certaines formalités à remplir. À mon avis, il faut prévenir la police...

– La police ? fait Hélène Lambert, surprise. Vous avez bien vu que...

– Moi, je n'ai rien vu, dit le médecin. Mais je ne

---

1. Prescrire : recommander un traitement.
2. Cabinet du médecin : bureau, lieu de travail du médecin.

doute pas une seconde de votre parole, chère madame. Toutefois, pour éviter des problèmes, je vous conseille d'appeler la police. Peut-être M. Maillard a-t-il été empoisonné[1] ? Après tout, nous ne savons de ces pilules que ce qui est indiqué sur la boîte. Nous ne savons pas non plus combien M. Maillard en a pris, ni quels effets elles ont eus sur lui. Vous me suivez ?

– Vous avez beaucoup d'imagination, cher monsieur !

– Je crois que le docteur a raison, dit Brochand. Il faut éviter tout problème futur. Tout doit être clair.

Il se tourne vers le médecin :

– Mme Lambert est encore sous le coup de l'émotion ; comprenez-la, docteur.

– Je la comprends très bien.

Hélène Lambert n'aime pas la manière qu'a Brochand de la défendre, mais elle essaye de ne pas le montrer. Il est désormais son nouveau patron.

– Allons, dit Brochand, vous avez entendu, il faut appeler la police.

– C'est que… je n'ai jamais fait cela. Qui dois-je appeler ? Police-secours ?

– Les policiers du commissariat ne pourront rien faire, dit le médecin qui, dans son métier*, a

---

1. Être empoisonné : avoir pris du poison ; être intoxiqué.

déjà connu des situations identiques. Ils interviennent surtout pour les urgences. Non, à mon avis, c'est le procureur[1] qu'il faut prévenir ; il a le pouvoir de régler l'affaire très vite. Il viendra sur place ou décidera d'envoyer un officier de police. Je vais rester ici jusqu'à son arrivée. Ainsi, les choses se feront dans les règles. Vous comprenez ?

– Parfaitement, répond Brochand.

Le médecin tourne les pages d'un vieux carnet.

– J'espère que le numéro n'a pas changé.

---

1. Procureur : responsable juridique, représentant du ministère public, dont la mission est de défendre les intérêts de la société et de veiller à l'application des lois.

CHAPITRE 3

L E PROCUREUR DÉCIDE de se rendre immédiatement au siège* de la Soficad. Pierre Maillard est un personnage assez connu. Il a fait l'objet¹ de plusieurs enquêtes. On le soupçonne de participer à des opérations de financement* de partis politiques. Mais la Brigade financière², chargée de l'enquête, n'a trouvé aucune preuve définitive. Pourtant, le dossier Maillard-Soficad peut ressortir à tout moment. Ce qui signifie pour le procureur que si la mort de Maillard n'est pas naturelle, elle va sûrement relancer cette affaire. Il a donc tout intérêt à choisir dès le départ un collaborateur* de confiance. Il appelle Didier Buzet, avec qui il a déjà travaillé. Buzet dirige une équipe de quatre enquêteurs qui appartiennent à la Brigade criminelle².

– Je ne sais pas encore s'il y a eu meurtre. D'après le médecin, Maillard est mort d'une crise cardiaque. Mais je préfère prendre toutes les pré-

---

1. Être l'objet de... ou faire l'objet de : subir.
2. Brigade financière/criminelle : équipe de policiers spécialisée dans les affaires d'argent/de meurtre.

cautions. Essaye de passer le plus vite possible. Tu as un bon cardiologue dans ton carnet d'adresses ?

Buzet et le procureur arrivent ensemble devant l'immeuble de la Soficad. L'inspecteur range sa voiture de service derrière la Renault du juge. C'est Sophie Deschamps, l'hôtesse standardiste, qui ouvre au policier. Elle lui trouve une tête plutôt sympathique, mais elle est déçue de constater qu'il ne ressemble à aucun des policiers des séries télévisées qu'elle regarde. Il n'a ni l'allure de ces vieux flics[1], comme Navarro[2], ni celle des jeunes policiers qui se donnent des airs de mauvais garçon. Buzet ressemble à n'importe qui.

Le procureur, en revanche, a tout à fait le style d'un juge : costume sombre, visage dur, œil sévère. Devant lui, on se sent immédiatement coupable, même si on ne l'est pas !

Le procureur, le policier et le médecin commencent par s'enfermer dans le bureau du PDG, pendant qu'Hélène Lambert et ses collègues attendent sagement dans le couloir. La secrétaire de direction* est excitée : la présence de tous ces personnages que l'on voit rarement dans la vie lui donne le sentiment de vivre des événements importants. Elle se place près de la porte du bureau de Pierre Maillard, dans l'espoir d'entendre ce que

---

1. Flic : terme familier, mais très utilisé, pour désigner un policier.
2. Navarro : personnage principal d'une série télévisée française célèbre.

les trois hommes se disent ; mais Brochand lui jette un regard de reproche et elle s'écarte aussitôt.

Le policier et le procureur s'avancent jusqu'au bureau. Le médecin reste, quant à lui, au milieu de la pièce. Les trois hommes gardent le silence pendant quelques minutes. La victime a accroché sa veste sur un cintre[1]. Ses manches de chemise sont relevées ; le clavier de l'ordinateur se trouve sous sa poitrine. Des dossiers de différentes couleurs sont rangés sur la table de travail, mais aucun n'est ouvert. Le regard du policier va d'un objet à l'autre. Il pose sa main sur la grille d'aération de l'ordinateur, sur celle de l'imprimante[2], puis se penche pour ramasser un stylo qui est tombé sur le tapis.

– Alors, qu'est-ce que tu en penses ? demande le juge.

– À première vue, il était en train de prendre des notes quand il a eu sa crise. Personne n'a touché aux pilules ?

– Je les ai remises en place, dit le médecin.

– S'il prenait des notes, il doit y avoir un carnet ou une feuille de papier quelque part, non ?

Buzet soulève légèrement le corps. Il n'y a ni carnet ni feuille de papier. Son regard se tourne alors vers la corbeille[3]; elle est vide.

---

1. Cintre : objet en bois ou en plastique muni d'un crochet qui sert à suspendre les vêtements.
2. Imprimante : machine qui sert à imprimer.
3. Corbeille : panier où l'on jette des papiers.

– C'est curieux... mais ça ne veut pas dire grand-chose. Cependant, il y a deux ou trois petits détails qui me gênent. Je te conseille de demander une autopsie[1] et de faire analyser les pilules.

– C'est aussi mon avis, dit le juge. Et vous, docteur, vous avez un point de vue ?

– Celui de la prudence. Je ne suis pas son médecin personnel. (Il désigne les pilules de la main.) Tout ce que je peux vous dire, c'est qu'il faut utiliser ces médicaments-là avec précaution. D'ailleurs, on ne les vend que sur ordonnance[2].

Le juge regarde sa montre, soupire.

– Il faut que je retourne au tribunal. Tu crois qu'on peut faire quelque chose de plus avant les résultats du laboratoire et de l'autopsie ?

– Je vais poser quelques questions aux personnes qui travaillent ici.

On frappe à la porte. Deux enquêteurs en civil[1], très jeunes tous les deux, apparaissent.

– On est venus le plus vite possible...

– Très bien. Vous allez envoyer ces pilules au laboratoire et interdire l'accès de cette pièce à toute personne qui n'est pas chargée de l'enquête.

Le personnel de la Soficad attend toujours dans le couloir, devant le bureau. Le procureur vient à sa rencontre.

---

1. Autopsie : examen du corps pour étudier les causes de la mort.
2. Ordonnance : prescriptions d'un médecin.

– Je ne peux rien vous dire pour le moment. L'inspecteur Buzet, de la Brigade criminelle, va vous entendre...

Aux mots « Brigade criminelle », un murmure traverse le groupe.

– Excusez-moi, monsieur le procureur, dit Brochand, mais nous avons du travail, des clients*...

– Ne vous inquiétez pas ; ce ne sera pas long. Pour les détails, voyez avec M. Buzet, répond le juge en se dirigeant vers la sortie.

– Je vous demande un peu d'attention, déclare le policier. Je vais m'installer dans un bureau et prendre vos témoignages[2] pendant que les souvenirs de chacun sont encore frais. Cela ne doit pas vous faire croire que nous avons trouvé quelque chose. Nous devons juste réunir des informations pour les besoins de l'enquête.

Brochand lui propose son bureau, le plus grand et le plus confortable après celui de Maillard, mais l'inspecteur préfère celui d'Hélène Lambert. L'un des jeunes policiers pose sur sa table de travail une machine à écrire portative.

À cet instant, une voix féminine se fait entendre dans le couloir.

– La femme de Pierre Maillard vient d'arriver, avertit le second inspecteur.

---

1. En civil : qui ne porte pas l'uniforme.
2. Témoignage : déclaration relative à ce que l'on a vu, entendu.

– Laissez-lui quelques instants pour se remettre du choc. Je la verrai ensuite.

– Non, ce n'est pas la peine. Je préfère en finir tout de suite et savoir ce qui se passe ici !

Une femme blonde en tailleur gris pénètre dans le bureau et se dirige vers l'inspecteur Buzet. À son ton autoritaire, son regard décidé, son visage énergique, on devine une personne habituée à être respectée, peut-être même à prendre les autres pour ses serviteurs. Buzet se rend compte de tout cela mais choisit un sourire aimable et invite Caroline Maillard à s'asseoir.

– D'abord, madame, permettez-moi...

– Vos condoléances[1] sont inutiles, dit-elle. Allons au fait[2] ! Mon mari a été victime d'une crise cardiaque, il travaillait trop, ça devait arriver. Je l'avais prévenu et son médecin aussi. Que vient faire la police dans cette affaire privée ? Vous n'allez tout de même pas profiter de sa mort pour revenir fouiller[3] dans nos affaires !

– Si mes souvenirs sont exacts, c'est la Brigade financière qui s'est occupée du cas de votre mari, précise l'inspecteur. J'appartiens, pour ma part, à la Brigade criminelle.

– Vous voulez dire qu'on a assassiné Pierre ?

– Nous ne sommes sûrs de rien. Pour le moment,

---

1. Condoléances : paroles de réconfort lors d'un décès.
2. Aller au fait : aborder directement un sujet, sans détours.
3. Fouiller : examiner, chercher.

nous vérifions certains faits. Si vous le permettez, je vais vous poser quelques questions. À quelle heure votre mari a-t-il quitté son domicile ce matin ?

– Il ne l'a pas quitté pour la bonne raison qu'il n'y a pas passé la nuit. Je pensais qu'il était chez son amie. Nous sommes séparés depuis trois ans. Mais ce matin, lorsque sa secrétaire m'a téléphoné, je me suis tout de même inquiétée, me demandant bien pourquoi il s'était enfermé dans son bureau et ne répondait pas.

– Votre mari était cardiaque, m'avez-vous dit. Je suppose qu'il avait un traitement...

– Giraudoux le suit[1] depuis dix ans.

Giraudoux... Ce nom ne dit rien au policier. Caroline Maillard s'en aperçoit et secoue la tête.

– Giraudoux est un des plus grands cardiologues français. Il dirige le service de l'hôpital Saint-Louis. Il est connu dans le monde entier. Le traitement qu'il a donné à Pierre est très sévère ; mais Pierre faisait exactement ce que le docteur lui disait de faire. C'est... c'était un homme de caractère. Il avait beaucoup de volonté. Je suis étonnée d'apprendre qu'il a pris des pilules au cours de la journée. Habituellement, il en prenait deux le matin, deux le soir, et c'est tout. Sauf en cas de crise. Mais Pierre n'en a pas eu depuis cinq ans. À ce sujet, je vous conseille de voir Giraudoux.

---

1. Suivre un malade : s'occuper de l'évolution de sa santé sur une certaine période.

– C'est mon intention. Pardonnez-moi cette question, mais...

– Qu'est-ce que vous voulez savoir ? Si j'ai un amant[1] ? Si j'hérite[2] ? Si Pierre a laissé quelque chose à sa petite amie ? Première question : oui, je suis avec quelqu'un. Vous ne pensez tout de même pas que je reste seule dans notre propriété pendant que lui profite des bonnes choses avec des femmes qui pourraient être ses filles !

– Son nom ? demande Buzet.

– Je préfère ne pas vous le donner pour le moment. Deuxième question : oui, je suis la principale héritière. En principe, la maison de Saint-Germain-en-Laye et celle d'Antibes[3] m'appartiennent ; mais les parts de la Soficad vont à Brochand. Cela fait partie du contrat* qu'ils ont signé. Je pense que Pierre a fait une erreur sur cette affaire, mais c'est comme ça. Troisième question : je n'en sais rien. Demandez-le-lui. Mais je ne vous donnerai ni le nom, ni l'adresse, ni même le numéro de téléphone de cette dame. D'ailleurs, je ne suis pas sûre de les avoir. Pierre était un homme capricieux. Il changeait de femme comme de chemise. À cinquante-trois

---

1. Amant : homme qui a des relations amoureuses avec une femme sans être son mari.
2. Hériter : devenir propriétaire d'un bien, d'une somme d'argent après la mort de celui qui en était le possesseur.
3. Saint-Germain-en-Laye/Antibes : deux villes bourgeoises ; l'une située à l'ouest de Paris, l'autre dans le sud de la France.

ans, vous vous rendez compte !

– Dans notre métier, madame, on voit tellement de choses ! Cela dit, je suppose que vous aviez un moyen de le contacter ?

– En principe... mais pas toujours. Il se déplaçait aussi beaucoup, en province[1], à l'étranger. Il ne me disait pas toujours où il allait.

Une question se forme dans l'esprit du policier, mais il décide de la réserver au médecin. Il remercie Caroline Maillard et fait venir le directeur de projet Brochand.

– Si j'ai bien compris, lui dit-il, Pierre Maillard et vous étiez associés. L'un de vous était-il majoritaire[2] à la Soficad ?

– Je ne vois pas pourquoi vous me demandez cela. Pensez-vous que la mort de Pierre n'est pas naturelle ?

Brochand parle en souriant de toutes ses dents. On sent le commercial habitué à séduire.

– C'est moi qui pose les questions, répond l'inspecteur Buzet.

– Pierre n'était pas majoritaire. Il n'a comme moi que 30 % des parts. Le reste appartient à des investisseurs privés*, banques et compagnies d'assurances*. Cependant, et pour être tout à fait honnête, je précise que j'hérite d'une partie des

---

1. Province : l'ensemble du pays à l'exclusion de la capitale.
2. Majoritaire : ici, qui a plus que 50 % de parts dans l'entreprise.

actions* de Pierre. Le tout doit faire monter ma participation à 50 %. 10 % doivent aller à la « Ligue contre le cancer »[1]. Pierre le voulait. C'était un homme généreux. Il faisait confiance à des personnes qu'il connaissait à peine. Oui, Pierre était un ami. Sa mort me fait vraiment mal, vous pouvez me croire !

– C'était un gros travailleur ?

– Il vivait à deux cents à l'heure[2] ! Jamais une minute à lui.

Les deux hommes marquent un silence. Puis Brochand désigne de la tête les dossiers classés dans une armoire.

– Vous allez lire tout ça ?

– Ça ne sera peut-être pas nécessaire. Si les résultats des analyses confirment la crise cardiaque, je pense que nous en resterons là.

– Vous « pensez », seulement ?

– Ce n'est pas moi qui décide, monsieur Brochand ; c'est le procureur. Dites-moi : vous vous entendiez bien, Pierre Maillard et vous ?

– Dans toute association, il y a des bons et des mauvais moments. Mais dans l'ensemble, nos relations étaient positives. Nous avions chacun notre spécialité : Pierre était plutôt gestionnaire*, moi homme de terrain*. Je suis plus souvent à

---

1. « Ligue contre le cancer »: association qui recueille de l'argent pour lutter contre le cancer.
2. Vivre à deux cents à l'heure : mener une vie très active.

l'extérieur que dans mon bureau.

– Si je comprends bien, vous vous partagiez le travail ?

– Exactement. Maintenant qu'il n'est plus là, je vais avoir du mal à diriger seul l'entreprise.

– Merci, monsieur Brochand.

Buzet reçoit ensuite Hélène Lambert, qui semble impatiente de lui parler. Elle ne prend d'ailleurs pas la peine de s'asseoir : elle s'approche du bureau, se penche et se met à parler à voix basse :

– Si vous faites une enquête, c'est que vous avez des doutes sur les conditions de la mort de M. Maillard. Alors j'ai réfléchi et je suis arrivée à cette conclusion : la seule façon de... de tuer M. Maillard était de mettre quelque chose dans ses pilules, ou de les remplacer par un poison. Or, il y a des poisons qu'on ne peut pas voir à l'autopsie. J'ai lu cela dans un roman de... Enfin, bref : je l'ai lu. Qu'en pensez-vous ?

– C'est une hypothèse, répond-il sur le ton de la conversation aimable. Mais ces poisons-là sont rares. De plus, grâce aux découvertes scientifiques, nos laboratoires ont fait beaucoup de progrès. Que savez-vous de ces pilules ? Par exemple, M. Maillard les posait-il habituellement sur son bureau ?

– Je ne les y ai jamais vues. Il me semble qu'il les mettait dans sa poche.

– Il n'a jamais eu de crise au cours de son

travail ?

– Jamais. D'ailleurs, à le voir, on ne pouvait pas imaginer qu'il avait des problèmes de cœur. Il a eu une petite crise, c'est vrai, mais il y a cinq ans. Depuis, tout allait bien. Il évitait seulement les sports violents, les émotions fortes. C'était un gros travailleur, mais il faisait attention.

– Vous êtes la première à être rentrée dans son bureau ?

– Nous sommes rentrés ensemble, M. Brochand et moi.

– Vous n'avez touché à rien ?

– M. Brochand a immédiatement dit qu'il fallait tout laisser en place. Ensuite, le médecin est arrivé ; nous sommes rentrés à nouveau dans la pièce. Nous n'avons touché à rien, sauf aux pilules que le docteur a examinées.

– En êtes-vous certaine ?

– Je n'ai pas surveillé mes collègues. Vous comprenez, je pensais surtout à ce pauvre M. Maillard.

– Et vous n'avez rien remarqué de particulier sur son bureau ?

– Non. Mais, là encore, je n'ai pas fait très attention.

– L'ordinateur fonctionnait ?

La secrétaire lève les yeux au plafond.

– Maintenant que vous me le demandez, je ne suis même pas capable de vous répondre. La lampe du bureau était allumée, j'en suis certaine ; mais l'ordinateur... Vraiment, je ne me souviens pas.

– Parlez-moi de l'emploi du temps* de votre patron.

– En général, M. Maillard arrivait vers huit heures et demie, c'est-à-dire une demi-heure après moi. Je suis toujours là à huit heures pile, parce que je prends tous les jours le train de sept heures trente qui me dépose à la gare Saint-Lazare à sept heures cinquante. Ensuite, j'ai dix minutes de marche. M. Maillard vient en voiture et se gare au parking situé sous l'immeuble. Il ne me prévient pas toujours quand il arrive mais, s'il a été absent un jour ou deux, il me fait venir dans son bureau et nous parlons travail.

Hélène Lambert se rend compte qu'elle parle au présent.

– Il me faisait venir, corrige-t-elle.

– J'ai compris.

– Puis il regardait son courrier, lisait la presse économique : *Les Échos*, *La Tribune*, les pages jaunes du *Figaro*... Dernièrement, il se connectait[1] sur Internet chaque matin, et aussi le soir assez tard. La Soficad a un site[2] sur Internet. Nous vendons des appartements de cette façon ; enfin, nous essayons. Nous avons eu des contacts avec des acheteurs japonais et américains, et aussi des Russes. Sinon... eh bien, il s'occupait des diffé-

---

1. Se connecter : établir une liaison au moyen de l'ordinateur.
2. Site : ici, lieu, place sur Internet.

rentes affaires en cours[1]. À ce sujet, ce matin j'ai trouvé un mot écrit de sa main. Il me demandait de lui apporter d'urgence le dossier Frémont.

– Le dossier Frémont ?

– C'est un vieux bonhomme avec qui nous sommes en procès[2]. Il refuse de vendre sa maison et empêche ainsi la réalisation d'une opération très importante.

– Savez-vous pourquoi c'était urgent ?

– Je crois que M. Maillard était sur le point de conclure un accord* avec lui. Il avait absolument besoin de cet accord avant de rencontrer ses partenaires*.

– Bien. Je vous demanderai peut-être plus tard quelques précisions sur cette question. Depuis combien de temps travaillez-vous à la Soficad ?

– Plus de dix ans !

– Vous étiez donc dans l'entreprise lorsque la Brigade financière...

– Ne m'en parlez pas ! s'exclame-t-elle sans même lui laisser le temps de terminer sa phrase. J'en garde un souvenir horrible. Tous mes dossiers... Je ne sais pas si vous vous rendez compte ! J'espère que ça ne va pas recommencer.

– Pour le moment, il n'y a aucune raison. Cette enquête a-t-elle eu d'autres conséquences sur la

---

1. En cours : en train de se faire.
2. Procès : action soumise à la justice quand il y a désaccord.

vie de l'entreprise ?

– Je ne sais pas si je dois répondre à ce genre de question sans l'autorisation de M. Brochand...

– Nous pouvons facilement obtenir ces informations en nous adressant à nos collègues de la Brigade financière, ajoute Buzet. Je cherche seulement à me faire une idée de l'ambiance qui règne ici.

Il fait un geste en direction du jeune inspecteur qui note les propos de la secrétaire sur sa machine.

– Si vous le souhaitez, nous n'écrivons pas votre réponse sur la déclaration. Cela reste entre nous.

Hélène Lambert réfléchit. Après quelques instants de silence, elle respire profondément, puis se met à parler.

– Disons que ça a changé un certain nombre de choses. Par exemple, Mme Maillard n'est plus venue ici.

– Pourquoi ? Elle y travaillait ?

– Vous ne le saviez pas ? Au début, c'était une petite entreprise. Mme Maillard était la secrétaire de son mari, ainsi que son associée. Moi, j'étais son assistante*. Elle avait déjà un caractère difficile. Après les problèmes causés par cette affaire, les relations entre elle, Brochand et son mari sont devenues très difficiles.

– Qu'est-ce qui n'allait pas ?

– Elle accusait Brochand d'être l'unique responsable et reprochait à son mari de ne rien faire. Un jour, tous trois en ont eu assez et ils se sont mis d'accord. Je ne connais pas les détails de cet accord mais, dès le lendemain, Mme Maillard a cessé de venir au siège de l'entreprise.

– Son départ vous a donc permis d'obtenir une promotion*.

– Dans un sens, oui. Mais pour moi, le plus important, c'était le travail. Il est clair qu'après son départ nous avons mieux travaillé.

– Et les autres membres du personnel* ?

– M. Lalonde, l'architecte, ne s'occupe que des questions techniques. Les décisions importantes sont prises par M. Maillard et M. Brochand. Il y a aussi deux commerciaux, mais ils ne sont pas souvent dans l'entreprise. En général, ils travaillent sur les bureaux de vente*.

– Et la jeune fille ?

– Sophie ? Nous l'avons embauchée* il y a deux ans.

Buzet note ce « nous » : dans l'esprit d'Hélène Lambert, l'entreprise et elle ne font qu'un.

Ce n'est pas du tout le cas de Sophie Deschamps qui semble en colère contre ses patrons et ses collègues.

– Ici, c'est insupportable, déclare-t-elle tout de suite à l'inspecteur. Ça ne me gêne pas de vous le dire, pour la bonne raison que j'ai l'intention de m'en aller. Je vais même ajouter une chose : je crois que Maillard a été assassiné !

– Qu'est-ce qui vous fait dire cela ?

– Maillard passait son temps à se disputer ; avec Brochand, avec l'architecte, avec ses clients... D'ailleurs, il recevait des menaces. Dernièrement encore, par ce bonhomme qui refuse de vendre sa maison. Je l'ai eu directement au téléphone. Il a déclaré qu'il nous attendait avec son fusil de chasse[1].

– Beaucoup de gens disent ce genre de chose, mais ne font rien. Et Mme Maillard, vous avez eu l'occasion de la rencontrer ?

– Pas souvent. Heureusement ! Il paraît que c'était pire du temps où elle travaillait ici. Le genre de Mme Lambert, sans doute !

– Vous ne vous entendez pas avec elle ?

– C'est une personne très désagréable. On a l'impression parfois qu'elle se prend pour la patronne. Maillard la prenait pour sa femme de ménage. Alors, elle se venge sur qui elle peut. En fait, j'ai gardé ce travail parce que je n'avais rien d'autre.

– Et M. Lalonde ?

– L'architecte... Il est très aimable, très gentil, jamais un mot plus haut que l'autre. Je me demande ce qu'un homme aussi sympathique peut bien trouver à une femme comme ça !

– Pardon ?

---

1. Fusil de chasse : arme utilisée pour tuer les animaux.

Sophie Deschamps met sa main devant sa bouche, comme quelqu'un qui vient de dire une bêtise.

– On ne vous a pas dit ? Tout le monde sait que M. Lalonde est l'amant de Mme Maillard. À vrai dire, ils ne se cachent pas : Mme Maillard lui téléphone presque chaque jour ; elle lui laisse même des messages pour qu'il la rappelle.

– Et M. Maillard, quelle était sa réaction ?

– Il donnait l'impression de ne pas y faire attention. Il avait sa propre vie...

Une fois Sophie Deschamps partie, Buzet fait entrer l'architecte. Lalonde confirme ce que lui a dit Sophie Deschamps de la façon la plus naturelle.

– Vous n'allez pas m'accuser d'avoir tué un mari gênant, j'espère ? D'ailleurs, Pierre Maillard ne nous gênait pas. Nous avions de bonnes relations, aussi bien sur le plan humain que professionnel. Pour dire la vérité, je crois même qu'il était rassuré. Ainsi, sa femme le laissait tranquille.

– Pardonnez-moi de vous poser cette question, monsieur Lalonde, mais n'aviez-vous pas l'intention de vous marier avec Mme Maillard ?

– Je n'y ai jamais pensé. De toute façon, ils n'étaient pas divorcés[1].

L'architecte regarde Buzet, droit dans les yeux.

---

1. Divorcé : séparé officiellement de son (sa) conjoint(e).

– Il y a tout de même quelque chose que je ne comprends pas, dit-il. Vos questions ne me gênent pas, je n'ai rien à cacher ; mais vous m'interrogez comme si vous pensiez que Pierre Maillard n'était pas mort d'une crise cardiaque. Je sais bien que votre métier vous pousse à tout imaginer, mais enfin... Avez-vous découvert quelque chose qui peut laisser penser que...

– J'attends les résultats de l'autopsie. Pour le moment, je me renseigne. Mais j'aimerais vous poser une dernière question, à propos de l'emploi du temps de M. Maillard. L'autopsie nous indiquera l'heure précise de sa mort. Selon Mme Lambert, Maillard était déjà enfermé dans son bureau quand elle est arrivée et il y avait de la lumière. Ce qui veut dire que votre patron est mort avant huit heures. Avait-il l'habitude d'arriver si tôt ?

– Non, répond l'architecte, sans hésiter. Pierre Maillard était un gros travailleur, mais plutôt du soir que du matin. Il sortait souvent assez tard. Je l'ai vu parfois rester dans son bureau après vingt heures, et même se faire apporter quelque chose à manger.

– Et hier soir ?

– Il me semble qu'il est resté le dernier.

– Il a donc pu avoir cette crise très tard hier soir ou dans la nuit ?

– C'est possible.

– Je vous remercie, monsieur Lalonde.

CHAPITRE 4

*L*E DOCTEUR PERNY, adjoint du professeur Giraudoux, est un jeune homme maigre et nerveux. Il n'est pas très heureux de la visite de Buzet et le lui fait comprendre.

– Nous avons un travail fou depuis quinze jours ; les infirmières sont en grève[1]. Bref, je n'ai vraiment pas le temps de vous recevoir.

– Je n'en ai pas pour longtemps : je veux seulement que vous me donniez votre avis sur la crise cardiaque dont Pierre Maillard vient d'être victime.

Le jeune médecin prend une serviette sur son bureau et la passe sur son visage.

– Un dossier médical est confidentiel[2]...

– Vous préférez en parler devant le juge ?

– Bon. Disons que l'état de M. Maillard l'obligeait à suivre un traitement régulier. Deux pilules matin et soir. Ce qu'il faisait, selon moi. J'ai été surpris par cet accident. Maillard se portait bien. Médicalement, il n'y avait aucun danger. Mais la

---

1. Être en grève : cesser volontairement le travail, dans le but d'obtenir une augmentation de salaire ou une amélioration des conditions de travail, par exemple.
2. Confidentiel : secret.

médecine peut parfois se tromper.

– Quelles sont les causes possibles d'une telle crise ?

– Dans le cas de M. Maillard, une émotion particulièrement forte, un effort très violent. Je dis bien *très* violent.

– Par exemple ?

– Les sports de vitesse, le parachute, le judo...

– Et en cas de crise soudaine, il devait prendre des pilules supplémentaires ?

– C'est cela. À présent, pardonnez-moi, j'ai du travail...

Le policier n'insiste pas. Il remercie le médecin et se rend dans les bureaux de la Brigade criminelle, quai des Orfèvres[1].

À peine arrivé, un de ses hommes vient lui annoncer la nouvelle :

– Nous avons le compte rendu[2] du laboratoire ainsi que celui de l'autopsie. Maillard est bien mort d'une crise cardiaque et les pilules ne contiennent rien d'anormal.

Buzet lit rapidement les rapports, puis compose le numéro de téléphone du médecin légiste[3].

– Vous pouvez me passer le docteur Rivet ?... C'est vous ? Inspecteur Buzet à l'appareil. Je sou-

---

1. Quai des Orfèvres : siège de la police judiciaire de Paris, rendu célèbre par un film français : *Quai des Orfèvres*.
2. Compte rendu : texte par lequel on expose, on rend compte d'une chose.
3. Médecin légiste : médecin chargé de l'autopsie.

haite avoir quelques précisions. D'après votre compte rendu, Maillard est mort d'un arrêt du cœur avant-hier, entre dix-neuf heures et vingt-trois heures...

– C'est exact. Mais si nous supposons qu'il n'a rien mangé l'après-midi, nous pouvons en conclure qu'il est mort entre vingt heures et vingt et une heures.

– D'accord. Vous ajoutez également qu'il n'a pas pris ses pilules du soir ?

– C'est une certitude. De plus, c'est logique : il devait les prendre après les repas.

– Pourtant, la boîte était ouverte sur son bureau. D'après vous, est-il possible qu'il n'ait pas eu le temps de les prendre quand il a eu sa crise ?

– Difficile à dire... Une crise de ce genre peut durer quelques minutes. Elle peut le paralyser[1] en partie, mais lui laisser aussi la possibilité de prendre ses médicaments.

– Donc, il a très bien pu essayer de les prendre, et ne pas y parvenir ?

– Exactement.

– Et quelles sont d'après vous les causes de cette attaque cardiaque ?

– Alors là, je l'ignore. Demandez plutôt à son médecin personnel.

– La fatigue, peut-être ?

---

1. Paralyser : ne plus pouvoir bouger.

– Non. La fatigue ne peut pas provoquer ce genre d'attaque.

– Une mauvaise nouvelle ?

– Ça, oui ; si celle-ci est très grave : la mort d'un proche, une catastrophe...

– Et les pilules ?

– Je vous l'ai déjà dit, inspecteur. De ce côté, il n'y a rien d'anormal. Ce sont des médicaments à utiliser avec précaution ; mais, dans le cas présent, comme Maillard n'en a pas pris le soir, ces pilules ne peuvent pas être responsables de sa mort.

Buzet remercie le médecin et appelle son collègue.

– Tu vas faire plusieurs vérifications. D'abord, tu contactes les Telecom[1]. Je veux savoir s'il y a eu des appels pour la Soficad avant-hier entre dix-neuf heures et vingt-trois heures. Ensuite, tu interroges les employés de la Soficad afin de connaître l'endroit où chacun d'eux se trouvait au moment de la mort de Maillard, c'est-à-dire aux heures que je viens de t'indiquer. Même chose pour sa femme et pour le propriétaire de la maison : un certain Frémont. Il me faut tout ça pour ce soir.

L'inspecteur descend déjeuner à la cantine de la préfecture de police, où son jeune collègue vient le rejoindre, son plateau à la main.

– Encore une mauvaise nouvelle, patron : il n'y

1. Telecom : entreprise chargée des liaisons téléphoniques et des communications.

a eu aucun appel pour la Soficad. Vous aviez pensé à des menaces de la part du propriétaire de cette maison ?

– C'est une hypothèse parmi d'autres. Enfin, c'était... Mais j'en ai peut-être une autre, plus intéressante.

– Et on peut la connaître ?

– Il est encore un peu tôt. Il faut que j'en parle au procureur.

– Dites-moi, patron ? Pourquoi vous donnez-vous tant de mal ? Après tout, Maillard est mort d'une crise cardiaque, le docteur l'a confirmé. Les pilules ne contiennent aucun poison ; de plus, il n'en a même pas pris !

– Justement, tu n'as rien remarqué à ce propos ?

– N... non, je ne vois pas...

– Je vais te mettre sur la piste : lorsque ses employés ont trouvé Maillard, celui-ci était en manches de chemise[1], tu es d'accord ?

– Oui...

– Sa veste était accrochée à un cintre. Maillard était un homme soigneux[2].

– Sans doute, mais...

Buzet lève la main.

– Attends ! Où Maillard rangeait-il sa boîte de pilules ? Dans le tiroir de son bureau ? Non.

---

1. Être en manches de chemise : avoir les manches de la chemise relevées sur les avant-bras.
2. Soigneux : qui prend soin de ses affaires.

D'après tous les témoins, il en avait une en permanence dans la poche de sa veste. Mais il ne la posait pas sur son bureau, devant lui. En tout cas, personne ne l'y a jamais vue...

– Il a pu aller la prendre dans sa veste.

– Possible. Mais alors, dans ce cas, il aurait eu la force de prendre ses deux pilules. Imagine un homme victime d'une crise cardiaque ; il sait que la première chose à faire est de prendre ses médicaments. C'est une question de vie ou de mort. Crois-tu qu'il se lève, qu'il va tranquillement prendre sa boîte dans sa poche de veste, puis qu'il retourne tout aussi tranquillement s'asseoir à son bureau avant de prendre ses médicaments ? Non : il a peur et les avale[1] dès qu'il a la boîte entre les mains.

– Ça me paraît logique, mais je ne vois pourtant pas...

Buzet se lève, pose la main sur l'épaule de son collègue et prend son plateau de l'autre.

– Continue de vérifier les emplois du temps. Tu comprendras demain matin.

L'inspecteur s'offre une pause à la terrasse de la Brasserie des deux Palais[2], où il prend un café. Il y a ici des magistrats, des avocats[3]. Il y a aussi

---

1. Avaler : absorber quelque chose d'un seul coup, sans mâcher.
2. Brasserie : grand café-restaurant. La « Brasserie des deux Palais » se trouve précisément en face du palais de justice, à Paris.
3. Magistrat : juge, procureur, ayant pour fonction de rendre la justice. Avocat : chargé de défendre son client dans un procès.

quelques policiers et les familles de ceux qui passent devant le tribunal[1]. On les reconnaît à leurs visages inquiets. Ici, tout le monde se connaît. Buzet s'amuse quelques instants à observer la scène. Il salue deux trois magistrats d'un mouvement de tête. Il est sur le point de quitter la brasserie quand le procureur vient s'asseoir en face de lui.

– À cette heure, j'espérais bien te trouver ici. Je vois que tes habitudes ne changent pas.

– Tu me cherchais ?

– Rien de pressé. J'ai vu les rapports du médecin légiste et du laboratoire. On arrête tout ?

– Pas encore. J'ai une théorie[2], mais aucune preuve. Je voulais justement t'en parler avant de faire une petite expérience. Avec ton accord, et en ta présence, si possible... Bien entendu, il y a un risque, celui d'être ridicule si ça ne marche pas. À toi de décider, cher ami !

Le procureur l'écoute avec beaucoup d'attention, puis finit par donner son accord.

– Pourquoi pas ? Je trouve l'idée amusante. Je pense avoir l'homme dont tu as besoin. Je connais un technicien à qui j'ai déjà demandé quelques services. S'il est libre, nous réunissons tout le monde demain matin. Tu peux me faire confiance : je serai là.

---

1. Tribunal : lieu où l'on rend la justice ; palais de justice.
2. Théorie : ici, hypothèse, opinion.

CHAPITRE 5

*H*ÉLÈNE LAMBERT ARRIVE au bureau à huit heures, comme toujours, avec son paquet de croissants à la main. Elle n'a pas changé ses habitudes depuis l'accident tragique de son patron. Il y a plusieurs dossiers à regarder, des clients à contacter, des courriers qui attendent des réponses, des factures à régler. Brochand lui a d'ailleurs fait comprendre que la vie continue et qu'il faut même travailler davantage. La standardiste a officiellement donné sa démission*. Hélène Lambert doit trouver rapidement quelqu'un pour la remplacer. La secrétaire est furieuse contre l'employée : on ne quitte pas une entreprise à un moment pareil !

Lorsqu'elle arrive à son bureau, quatre hommes se trouvent déjà là : le procureur, le policier qui l'a interrogée et deux de ses collègues.

– Je vous en prie, dit Buzet ; installez-vous tranquillement et prenez votre déjeuner. Nous avons tout notre temps. D'ailleurs, nous attendons vos collègues.

Hélène Lambert met sa cafetière en marche,

mais le cœur n'y est pas[1]. Elle est inquiète.

Les autres membres du personnel arrivent une demi-heure plus tard. L'architecte, lui, arrive le dernier.

– Je vais vous demander de bien vouloir nous suivre dans le bureau de M. Maillard. Nous allons faire une petite reconstitution[2], annonce le procureur.

Quand tous les membres de la Soficad sont entrés dans le bureau, Buzet demande à ses deux collègues de les laisser, mais, juste avant que la porte ne se referme sur eux, Caroline Maillard apparaît.

– Pardonnez-moi, je suis un peu en retard.

Elle se glisse entre les deux policiers, pénètre dans la pièce, échange un regard rapide avec l'architecte et va se placer à côté de Brochand.

Il y a un instant de silence.

Puis l'inspecteur prend la parole :

– Avec l'accord de M. le juge, j'ai décidé de vous réunir afin de faire une petite reconstitution et de préciser un certain nombre de points. Il me paraît utile que Mme Maillard soit présente elle aussi, car elle pourra nous aider en apportant quelques précisions sur les habitudes de son époux.

---

1. Le cœur n'y est pas : elle n'en a pas envie.
2. Reconstitution : action de répéter une scène.

Caroline Maillard lève les yeux au ciel, d'un air furieux. Brochand demeure impassible[1]. L'architecte soupire. Hélène Lambert joue son rôle de secrétaire, attentive à ce que dit l'inspecteur de police. Sophie Deschamps, la standardiste, se montre souriante, tranquille, presque satisfaite de cette réunion.

– Voici trois jours, entre dix-neuf heures et vingt-trois heures, Pierre Maillard est mort d'une crise cardiaque. À première vue, il n'a pas eu le temps de prendre les pilules qu'il gardait, comme vous le savez, toujours sur lui, dans sa poche de veste. La boîte a été retrouvée, ouverte, sur son bureau. L'autopsie du corps a confirmé qu'il n'a pris ni médicament ni repas du soir. Il est donc certain que cette crise l'a frappé avant vingt heures, heure à laquelle il se faisait généralement apporter un plat lorsqu'il restait travailler tard dans son bureau. Nous y reviendrons. Commençons par les pilules. Comment expliquer que M. Maillard se soit levé pour aller les prendre dans sa poche de veste, puis soit retourné s'asseoir avant de les avaler ? Je n'ai trouvé jusqu'à présent qu'une réponse à cette question : ce n'est pas M. Maillard qui a placé les pilules sur son bureau, mais une personne qui veut nous faire croire que ce dernier a essayé de prendre ses médicaments d'urgence.

1. Impassible : qui n'éprouve ou ne trahit aucune émotion ; imperturbable.

Pour quelle raison ? Tout simplement pour bien montrer qu'il s'agit d'une crise cardiaque. Preuve qui n'était pas nécessaire puisque l'autopsie a révélé que la cause de son décès est bien une crise cardiaque. Autrement dit, cette personne a voulu trop bien faire...

– Je ne vois donc pas l'intérêt de cette histoire de pilules ! s'impatiente l'architecte.

– Attendez, monsieur Lalonde ! Nous savons que M. Maillard est mort d'une attaque cardiaque ; mais nous ignorons de quelle façon celle-ci s'est déclarée. Or, chacun d'entre vous savait qu'une émotion violente pouvait lui être fatale[1]. Et chacun d'entre vous avait aussi des raisons de vouloir assassiner M. Maillard.

Un murmure de protestation suit la déclaration de l'inspecteur. Buzet attend que le calme revienne pour poursuivre.

– Commençons par les dames. Vous, Madame Maillard, vous ne vous entendiez plus avec votre mari, mais vous ne souhaitiez pas divorcer pour toutes sortes de raisons matérielles que je ne développerai pas ici. Sa disparition vous rend votre liberté. De plus, vous recevez en héritage des biens d'une certaine valeur.

– C'est ridicule ! Vous m'avez fait venir pour entendre des bêtises de ce genre ?

---

1. Fatal : capable d'entraîner la mort.

Buzet ne fait pas attention à sa remarque. Il se tourne vers Sophie Deschamps.

– Vous, mademoiselle, vous n'héritez de rien du tout. Néanmoins, vous aviez un compte à régler[1] avec un patron que vous détestiez et qui a profité de sa situation pour vous séduire.

La jeune fille éclate de rire.

– Je ne m'attendais pas à ça de votre part, inspecteur. C'est absurde. Pensez-vous réellement que j'aie pu tuer Maillard pour des raisons pareilles ?

– Dans mon métier, mademoiselle, on voit toutes sortes de choses. Mais, passons...

Il s'adresse à Hélène Lambert.

– Vous, madame, vous êtes depuis des années la fidèle secrétaire de Pierre Maillard. Vous vivez près de lui, vous exécutez ses ordres. Vous notez même les rendez-vous de ses maîtresses[2]. Vous servez en fait d'intermédiaire[3] entre sa femme et lui. Et pourtant, votre travail est bien mal récompensé : votre patron vous insulte, se moque de vous à l'occasion, vous jette les dossiers à la figure...

Le visage d'Hélène Lambert devient pâle. Des larmes apparaissent dans ses yeux.

– Monsieur, vous faites une grave erreur. Jamais...

---

1. Un compte à régler : ici, une revanche à prendre.
2. Maîtresse : ici, femme avec qui l'on a des relations, sans être marié.
3. Intermédiaire : ici, personne qui fait le lien entre deux autres personnes.

– Attendez ! Je ne dis pas que vous avez tué votre patron, je dis que vous aviez des raisons de le faire.

La secrétaire se met à pleurer. Elle se prend le visage entre les mains et va se réfugier dans un coin de la pièce.

– Cet interrogatoire va durer encore long-temps ? proteste l'architecte.

– Rassurez-vous, nous allons essayer de gagner du temps. Vous, monsieur Lalonde, je crois qu'il est inutile que je parle de votre situation. Votre relation avec Mme Maillard est connue de tous. Quant à M. Brochand, le dernier de notre liste, il était l'associé de M. Maillard et ne s'entendait pas toujours avec lui. Il n'est pas non plus nécessaire de citer les raisons qui ont pu le pousser à assassiner Pierre Maillard...

Brochand hausse les épaules.

– Tout ceci est parfaitement exact. Seulement, je n'ai tué personne.

Caroline Maillard fait deux pas en avant, pour se rapprocher de l'inspecteur.

– Si je comprends bien, vous supposez que mon mari a été victime d'une crise cardiaque provoquée volontairement[1], dans un bureau fermé à clé de l'intérieur ! Je ne suis pas une spécialiste, mais votre supposition me paraît tout simplement stupide !

---

1. Volontairement : exprès, délibérément.

– Un peu de patience, madame Maillard ! Il est vrai que votre époux se trouvait seul, non seulement dans son bureau mais aussi dans l'entreprise puisque, lorsque Mme Lambert quitte les lieux, ainsi qu'elle le fait chaque jour, à dix-sept heures quarante-cinq, tous ses collègues sont déjà partis, à l'exception de son patron. Bien sûr, comme chacun d'entre vous possède une clé, quelqu'un a pu revenir plus tard et provoquer une émotion à M. Maillard d'une façon ou d'une autre, par exemple en le menaçant violemment avec une arme. Mais, dans ce cas, comment cette personne a-t-elle pu refermer la porte de l'intérieur ? Cette hypothèse n'est donc pas valable. On peut imaginer aussi un appel téléphonique passé par une personne étrangère à la Soficad. Par exemple ce retraité[1] que M. Maillard voulait faire partir de sa maison pour réaliser une opération immobilière...

– C'est très possible, lance Sophie Deschamps. Ce monsieur a menacé le directeur plusieurs fois.

– Le problème, mademoiselle, c'est que M. Frémont, le propriétaire de cette maison, ne peut plus utiliser son téléphone : ses lignes ont été arrachées par les ouvriers qui travaillent pour la Soficad. Ils n'ont pas fait exprès, bien entendu ; mais M. Frémont a écrit une lettre à ce sujet,

---

1. Retraité : personne qui ne travaille plus.

que j'ai retrouvée dans son dossier. Bien sûr, M. Frémont a pu utiliser une cabine téléphonique, mais il semble n'avoir pas bougé de chez lui. Entre dix-neuf heures et vingt heures, il était en compagnie de son médecin et de deux de ses petits-enfants. Nous avons vérifié. Le médecin et les enfants ont confirmé ce que nous a dit M. Frémont. En outre, les Telecom nous ont assuré que la Soficad n'a reçu aucun appel entre dix-neuf heures et vingt-trois heures.

Le regard de Buzet glisse d'une personne à l'autre, observant les réactions.

— À présent, nous allons passer à un autre point de cette affaire. Je suppose que vous connaissez tous les habitudes de M. Maillard. Entre dix-neuf heures et vingt heures, voici trois jours, que faisait-il exactement ?

— Je pense qu'il terminait son travail, dit l'architecte. Il suffit de regarder sur son bureau...

Buzet contourne le bureau et examine une nouvelle fois les objets qui s'y trouvent.

— Aucun dossier n'est ouvert, dit-il. En revanche, le clavier de l'ordinateur se trouve au milieu de la table, juste devant M. Maillard. Nous pouvons donc supposer qu'il l'utilisait, et aussi qu'il prenait des notes puisqu'un stylo a été découvert à ses pieds. Pourtant, nous n'avons pas retrouvé de feuille de papier. Nous pouvons donc encore supposer que la personne qui a déplacé les pilules dans le but de bien montrer que le directeur a été victime d'une crise a aussi enlevé cette feuille de papier, pour des raisons dont nous parlerons tout à l'heure.

– Et comment cette personne est-elle entrée, puisque la porte était fermée à clé ?

– Elle a très certainement agi au moment où M. Maillard a été découvert par ses employés. Dans un instant de panique, il est en effet assez facile de prendre une feuille sans se faire remarquer. Et aussi d'éteindre l'ordinateur.

Hélène Lambert lève la main.

– À propos d'ordinateur, je crois savoir ce que faisait M. Maillard le soir de sa mort.

– Et que faisait-il, madame Lambert ?

– Il se branchait très souvent sur Internet tard le soir. Il y a beaucoup moins de monde sur le réseau[1] à cette heure-là et les renseignements sont plus rapides à obtenir.

– Eh bien nous y voilà ! fait Buzet d'un ton joyeux. M. Maillard utilisait son ordinateur ; et vous serez d'accord avec moi si je vous dis qu'il ne l'a pas éteint lui-même. D'ailleurs, lorsque je suis arrivé, la grille d'aération était encore tiède, ce qui signifie que l'ordinateur et l'écran ont bien été éteints le matin, plusieurs heures après la mort de Pierre Maillard. Rappelez-vous, madame

---

1. Réseau : ensemble d'ordinateurs connectés entre eux pour échanger des informations.

Lambert : vous avez déclaré ne plus vous souvenir si l'ordinateur était éteint ou allumé lorsque vous êtes entrée. La mémoire ne vous est pas revenue entre-temps ?

– Non, vraiment, je ne sais pas. J'étais sous le choc, je n'ai pas fait attention.

– C'est bien ce que je disais ! La personne qui a déplacé la boîte de pilules, pris la feuille de papier et éteint l'ordinateur n'a eu aucun mal à le faire, car tout le monde était encore sous le coup de l'émotion.

Cette fois, personne ne conteste les propos de l'inspecteur. Buzet échange un regard avec le juge, puis fait quelques pas les mains dans le dos, avant d'aller se placer derrière le fauteuil de Pierre Maillard.

– À présent, nous allons faire une petite reconstitution. J'ai besoin de quelqu'un pour figurer M. Maillard. M. Brochand, voulez-vous avoir l'amabilité de vous asseoir ici ?

Le directeur de projet accepte et va prendre place devant la table de travail de son associé.

– Maintenant, vous allez faire les mêmes gestes. Je suppose que vous savez utiliser Internet...

Brochand allume l'ordinateur, appuie sur certaines touches du clavier, manipule la souris[1].

---

1. Souris : boîtier connecté à un ordinateur qui permet de donner des instructions.

Buzet se penche sur l'écran.

– Parfait. Maintenant, nous allons essayer de savoir ce que cherchait M. Maillard sur Internet. Quelqu'un a-t-il une idée ?

Hélène Lambert lève encore une fois la main.

– Il consulte souvent les cours de la Bourse* car la Soficad y est cotée*.

– Très bien, madame Lambert. Monsieur Brochand, savez-vous comment on obtient les cours de la Bourse sur Internet ?

Pour la première fois, le directeur de projet semble mal à l'aise.

– Pas exactement...

– Alors, je vais vous montrer, lance Buzet sur le même ton joyeux.

Il saisit la souris, appuie sur le bouton.

– Et voilà ! Très simple, n'est-ce pas ? À présent, voulez-vous nous lire les cours, et en particulier celui de votre propre entreprise ?

Brochand se penche sur l'écran. Une expression de surprise apparaît aussitôt sur son visage.

– L'action est descendue à... à moins de cinq francs. C'est impossible ! Il doit s'agir d'une erreur...

L'inspecteur prend un journal dans sa poche, le déplie et le montre à tout le monde.

– Voici *Les Échos* d'avant-hier. L'action de la Soficad est cotée à trente-cinq francs. Ce n'est pas du tout la même chose. Il s'agit donc d'une erreur ; une erreur qui a probablement provoqué la crise dont a été victime M. Maillard.

Un silence d'une trentaine de secondes accueille cette déclaration.

Puis Brochand s'agite. Il se redresse brusquement et perd son calme.

– Cette démonstration est absurde. Je refuse de jouer plus longtemps cette comédie ! Je vais immédiatement consulter mon avocat.

– Je crois que vous allez en avoir besoin, en effet. Ces informations boursières qui apparaissent sur l'écran proviennent d'un ordinateur installé dans un des bureaux de vente de la Soficad. Vous saviez que votre associé suivait presque chaque soir les cours de la Bourse sur Internet. Vous avez envoyé de fausses informations en vous branchant sur un autre site que celui que consultait habituellement Pierre Maillard. C'est très simple : M. Maillard ne composait pas l'adresse du site qui donne ces informations, ce qui est long et compliqué. Il se contentait de demander la liste des sites qu'il regardait souvent. Il vous suffisait donc de remplacer ce site par un autre, sous le même nom ! M. Maillard a commencé à noter les cours de son entreprise sur une feuille de papier. C'est pourquoi vous avez préféré faire disparaître cette feuille qui risquait de donner une indication sur les causes de la crise cardiaque de la victime. Je suppose que vous l'avez brûlée ou déchirée en petits morceaux.

– Comment pensez-vous apporter des preuves à toutes ces stupidités ?

– Un technicien travaille en ce moment sur l'ordinateur situé dans le bureau de vente. L'utilisation de celui-ci a laissé des traces[1]. Plusieurs personnes témoigneront que vous avez utilisé cet ordinateur. De plus, vous êtes le seul à connaître et à utiliser à la fois l'ordinateur de M. Maillard et celui du bureau de vente. Nous avons vérifié cela également.

– Ridicule ! Un bon avocat se chargera de prouver le contraire.

– C'est ce que nous verrons, conclut Buzet qui se tourne vers le juge. À présent, l'affaire ne m'appartient plus. Elle est entre les mains de la justice.

---

1. Laisser des traces : laisser des marques, des indications.

L'entreprise

Action : part d'un capital.

Assistant(e) : personne qui aide une autre personne dans un travail.

Associé : celui qui partage les intérêts d'une entreprise avec un autre.

Bras droit : l'adjoint, le second, l'assistant principal.

Bureau de vente : bureau installé dans – ou à proximité immédiate – de l'immeuble dont les appartements sont mis en vente.

Client : personne qui achète les produits d'une entreprise.

Collaborateur : personne qui travaille avec une ou plusieurs autres personnes.

Collègue : celui avec qui l'on travaille, ou qui fait le même métier.

Commercial : employé qui a rapport au commerce, chargé de vendre.

Compagnie d'assurances : société qui assure les personnes et les biens et qui verse une somme d'argent prévue par le contrat, si un dommage survient.

Compagnie immobilière : entreprise qui s'occupe de la construction, de la vente d'immeubles.

Conclure un accord : négocier un compromis.

Contrat : convention écrite passée entre deux ou plusieurs personnes, précisant les engagements de chacun.

Cours de la Bourse : prix des valeurs à la Bourse.

Dactylo : dactylographe ; employée qui tape à la machine.

Directeur de projet : personne qui étudie les possibilités de développement d'une entreprise.

Donner sa démission : arrêter, quitter volontairement un travail.

Dossier : ensemble des documents concernant une affaire ; le carton qui contient ces documents.

Embaucher : engager quelqu'un dans une entreprise.

Emploi du temps : organisation des activités tout le long de la journée ou de la semaine.

Être coté en Bourse : avoir les valeurs de l'entreprise évaluées en Bourse.

Facture : papier indiquant la quantité, la nature et le prix d'une marchandise vendue ou d'un service effectué.

Financement : action de procurer des fonds, de l'argent à une société.

Gestionnaire : personne qui s'occupe des comptes d'une entreprise.

Hôtesse : employée chargée d'accueillir les clients.

Homme de terrain : qui agit à l'extérieur, sur le terrain.

Investisseurs privés : personnes ou sociétés qui achètent un bien.

Membres du personnel : personnes faisant partie de l'entreprise.

Métier : profession.

Partenaire : allié commercial.

Parts : partie de capital possédée par une personne ; actions.

Patron : chef, directeur.

PDG : abréviation de président directeur général.

Promotion : grade, fonction supérieure dans un travail.

Secrétaire de direction : employée qui aide un directeur dans son travail.

Siège : lieu, résidence principale d'une entreprise.

Standardiste : employé(e) qui passe les communications téléphoniques.

Chapitre 1

1. Qui est Hélène Lambert ?
2. Pourquoi cherche-t-elle à voir le directeur ?
3. De quoi souffre Pierre Maillard ?
4. Que décide de faire M. Brochand, le directeur de projet ?
5. Que découvrent-ils dans le bureau du PDG ?

Chapitre 2

1. Quel conseil donne le médecin à M. Brochand et à Hélène Lambert ? Pourquoi ?

Chapitre 3

1. Pourquoi Pierre Maillard est-il connu de la police ?
2. Que décide de faire l'inspecteur Buzet ? Pourquoi ?
3. Est-ce que Pierre Maillard et son épouse, Caroline

Maillard, s'entendaient bien ? Quels sont les éléments dans le texte qui vous permettent de répondre ?

3. Qui est Giraudoux ?

4. Pourquoi Pierre Maillard consultait-il régulièrement le réseau Internet ?

5. En quoi consiste le dossier Frémont ?

6. Qui est Sophie Deschamps ? Pourquoi n'aime-t-elle pas l'entreprise où elle travaille ?

7. Quelle est la principale information qu'elle donne à l'inspecteur ?

Chapitre 4

1. Quelles sont les conclusions du laboratoire et de l'autopsie ?

2. Quels sont les détails qui gênent l'inspecteur Buzet ?

Chapitre 5

1. Pourquoi l'inspecteur Buzet réunit-il les membres du personnel dans le bureau d'Hélène Lambert ?

2. Comment réagissent les employés aux soupçons de l'inspecteur ?

3. Pourquoi, selon l'inspecteur, l'épouse de Pierre

Maillard aurait eu intérêt à tuer son mari ?

4. Comment réagit Hélène Lambert à ce que lui dit Buzet ?

5. Pourquoi l'inspecteur demande-t-il à Brochand de s'asseoir face à l'ordinateur ?

6. D'après Buzet, qu'est-ce qui a coûté la vie à Pierre Maillard ?

Édition : Martine Ollivier

Couverture : Michèle Rougé
Illustration de couverture : Anne Weinstoerffer
Coordination artistique : Catherine Tasseau

Illustrations de l'intérieur :
Page 3 : portrait de G. Delteil (DR).
Toutes les illustrations sont de Anne Weinstoerffer

Réalisation PAO : Marie Linard

N° de projet 10134851 - Juin 2006
Imprimé en France par l'Imprimerie France Quercy - 46090 Mercuès
N° d'Impression : 61710G